AF202377

18

Endlich volljährig

JETZT BLOSS NICHT ERWACHSEN WERDEN

Alles Gute zum Geburtstag

DIESES BUCH ist von

....

FÜR

....

DAS ist

HIER FOTO DES
GEBURTSTAGSKINDES
EINKLEBEN

HAT Geburtstag!

UND WEIL DU SO .... BIST,

HABEN WIR UNS *lange überlegt,*

WAS WIR DIR *schenken* KÖNNTEN.

ZUERST DACHTEN WIR AN ein Pony.

SCHLIEßLICH mag jeder Ponys.

ALLERDINGS WOLLTE DAS PONY

nicht so recht mitkommen.

DANN DACHTEN WIR AN EIN

TOLLES *Picknick am See.*

ABER ES BEGANN

zu regnen.

DIE NÄCHSTE IDEE WAREN Socken!

SCHLIEßLICH SIND SIE

flauschig UND praktisch.

DOCH JEMAND MACHTE *uns klar*,

DASS DU SCHON

jede Menge DAVON BESITZT.

ALSO HABEN WIR *überlegt*, WAS DU

noch nicht hast – UND DA FIEL ES UNS

WIE SCHUPPEN VON DEN AUGEN:

EIN *nagelneuer Sportwagen* IST DOCH

EIN WIRKLICH *großartiges Geschenk!*

LEIDER *fiel uns auf,*

DASS DIESES GESCHENK

VIELLEICHT DOCH EIN *bisschen*

übertrieben WÄRE.

WIR MACHTEN UNS ALSO *auf den Weg*

zum Blumenladen UND

BESORGTEN DIR EINE WIRKLICH

großartige Zimmerpflanze

MIT TOLLEN *grünen Blättern,*

DIE DEIN ZUHAUSE IN

verschönern SOLLTE.

OFFENBAR *fehlte uns* ABER

DER *grüne Daumen.*

ALS NÄCHSTES BESCHLOSSEN WIR,

DIR EIN *Bild zu malen.*

SCHLIEßLICH IST NICHTS *so persönlich*

WIE *etwas Selbstgemachtes.*

Das Ergebnis LIEẞ JEDOCH ETWAS zu wünschen übrig.

DAS ERGEBNIS

UNS KAM EINE *großartige Idee:*

Wir suchten EINFACH MITHILFE

DES INTERNETS NACH *einem Geschenk.*

Darauf HÄTTEN WIR AUCH

früher kommen KÖNNEN!

DAS ERGEBNIS WAR

ein albernes T-Shirt.

NUN JA ... WIR WAREN

NICHT SO *ganz überzeugt.*

NUN HATTEN WIR UNS SO VIEL Mühe gegeben –
UND standen DOCH mit leeren Händen DA.
DEIN großer Tag rückte NÄHER UND NÄHER.

Wir waren SO LANGSAM WIRKLICH
ETWAS verzweifelt, MUSST DU WISSEN.
Doch dann ...

... HABEN WIR DOCH DAS *perfekte Geschenk* gefunden. ES IST NICHT NUR EIN GESCHENK, SONDERN ES KANN SICH IN GANZ VIELE GESCHENKE VERWANDELN. *Es kann Träume und Wünsche erfüllen.* MAN KANN ES AUFHEBEN ODER WEITERVERSCHENKEN. ES IST EIN MAGISCHES GESCHENK –

das beste Geschenk VON ALLEN.

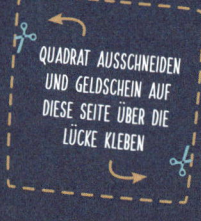

QUADRAT AUSSCHNEIDEN
UND GELDSCHEIN AUF
DIESE SEITE ÜBER DIE
LÜCKE KLEBEN

Alles Gute ZUM 18. GEBURTSTAG,

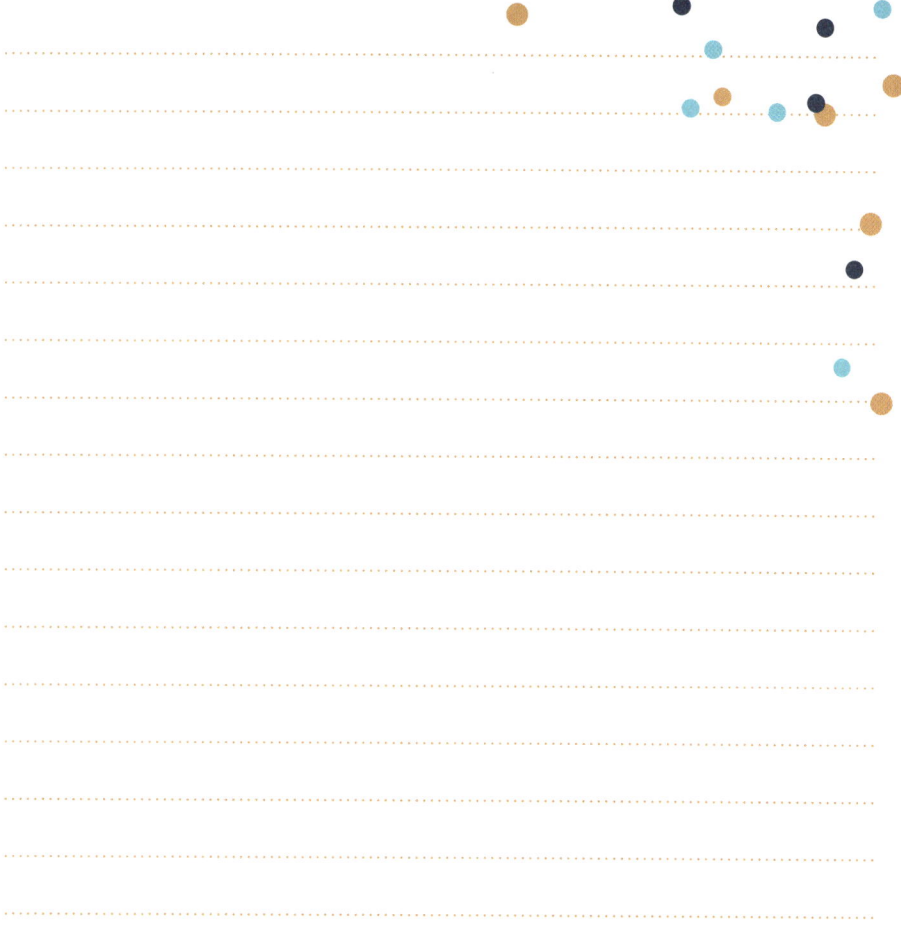

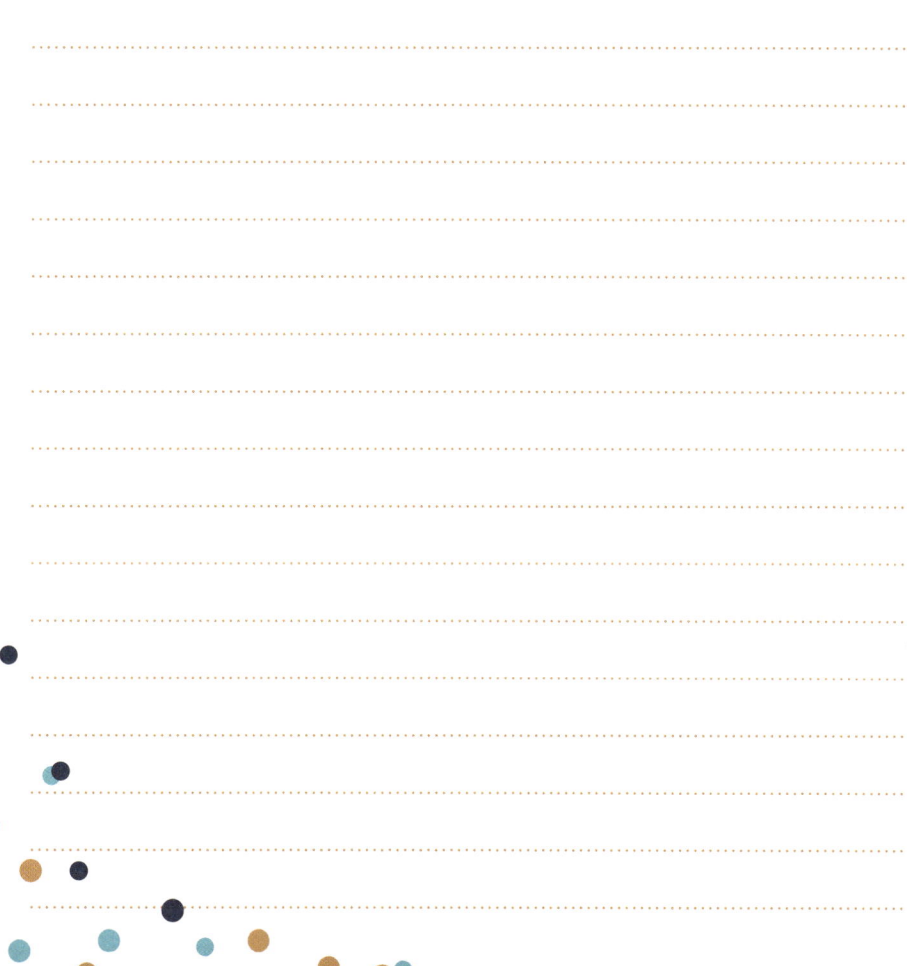

Bibliografische Information der Deutschen Nationalbibliothek
Die Deutsche Nationalbibliothek verzeichnet diese Publikation in der Deutschen
Nationalbibliografie. Detaillierte bibliografische Daten sind im Internet über
http://dnb.d-nb.de abrufbar.

Für Fragen und Anregungen
info@rivaverlag.de

Wichtiger Hinweis
Ausschließlich zum Zweck der besseren Lesbarkeit wurde auf eine genderspezifische Schreibweise sowie eine Mehrfachbezeichnung verzichtet. Alle personenbezogenen Bezeichnungen sind somit geschlechtsneutral zu verstehen.

Originalausgabe
1. Auflage 2022
© 2022 by riva Verlag, ein Imprint der Münchner Verlagsgruppe GmbH
Türkenstraße 89 | 80799 München
Tel.: 089 651285-0 | Fax: 089 652096

Umschlaggestaltung, Layout & Satz: Isabella Dorsch
Umschlagabbildung: shutterstock.com/OLga Shishova
Abbildungen im Innenteil: shutterstock.com/Chipolla, DamaPica, Follow Art, Franzi, gigi rosa, GoodStudio, hchjjl, JocularityArt, magiclanternpictures, Mariaprovector, Oxima, Samuyasa, Talirina, Top Vector Studio, Widi Design
Druck: Livonia Print, Riga
Printed in Latvia

ISBN Print 978-3-7423-2002-5

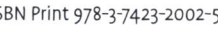
Wir produzieren nachhaltig
www.m-vg.de

Weitere Informationen zum Verlag finden Sie unter

www.rivaverlag.de

Beachten Sie auch unsere weiteren Verlage unter www.m-vg.de